흐르는 나비 그리고 거짓말

임상요 시집

시인동네 시인선 160   임상요 시집

흐르는 나비 그리고 거짓말

시인동네

시인의 말

창문을 눕혔다. 나를 가둬놓고 훤히 누웠다.

누워서 먼저 누구를 부축일 것인지, 누구를 얻을 것인지 생각했다.

헛것으로 반짝이는 창문이었다. 내가 파놓은 구덩이였다. 비가 오지 않는 요일에도 더듬더듬 빗소리를 듣는 시간이었다.

동선을 바꾸고 자세를 고쳐 앉는다.

설렌다,
나 아닌 누군가도 설레게 할 수 있기를.

2021년 8월
임상요

차례

시인의 말

제1부

우정 · 13

흐르는 것들의 증폭된 거짓말 · 14

만두를 생각합니다 · 16

어때요 마음에 드세요 · 18

거울을 팔아요 · 20

스프링 · 22

망치 · 23

벙어리장갑처럼 · 24

안부는 왜 소란스러울까 · 26

농담처럼 · 28

칸칸 얼음 · 30

변경 · 32

피아노 계단 · 34

제2부

소원은 어디까지입니까 · 37

잡아라 콩 · 38

기여 · 40

큐브의 두개골 · 42

별 이름 B612 · 44

피그말리온 효과 · 46

얼음주머니 · 48

원피스 · 49

도를 넘네 · 50

종소리는 삐딱했다 · 52

누가 운동장을 퍼뜨렸을까 · 54

콜라를 주세요 · 56

제3부

열매는 질척거렸다 · 59

아노미 상태 · 60

이익을 보셨습니까 · 62

나무 침대 · 64

그런 유전이 내게 있었다 · 66

왜 녹색이 되나 · 68

일요일의 맛 · 70

설탕의 절규 · 72

커튼에서 이모 냄새가 났다 · 74

페르조나 · 76

빛 · 78

뭘 할까요 영순위 · 80

제4부

손톱 밑에 눈이 내리고 · 85

내추럴은 어디 있습니까 · 86

본드의 시간 · 88

도서관을 휴관합니다 · 90

소수자들 · 92

헬로우 키티 · 94

레인 바코드 · 96

비잔티움 · 98

울타리를 이해하지 못합니다 · 100

스무 살 · 102

고무줄 · 104

플랫폼의 계절 · 106

나는 완벽했다 · 108

해설 놀이, 그리고 상처와 결핍의 위장술 · 109
   고봉준(문학평론가)

제1부

우정

 이 모서리가 아닌데 흐르는 우정이 아닌데 코를 찌르는 냄새가 아닌데 이게 꿈이라면 지루해서 죽을 텐데 골목이여 귀가 많아서 아무 느낌이 없구나 감자처럼 조금씩 금이 가고 누가 긴장된 단추를 채울 것인가 골목의 살갗을 들출 것인가 우정의 세계는 삐걱거리는 현기증 같고 밥이 소복한 냄비 같고 우리는 가슴의 무게로 공회전하는가 우정이 팽팽히 감겨오는 소리 골목은 골목의 뒷덜미를 흔드는가 평형으로 이어지는가 목맨 사람의 혀처럼 그림자는 왜 검은 손때를 묻히는가 누가 우리를 바라는가 안경 껌벅이며 있잖아, 라고 다시 시작하는 친구의 한 컷처럼 마치 지구본을 돌리듯 불편한 장면을 스티커로 붙여야지 반성해야지 속을 다 보인 깊이로 골목은 골목을 가두는가

흐르는 것들의 증폭된 거짓말

풀을 가두고 멈추지 않으므로

목을 거꾸로 심으면 처녀가 자란다는 이야기
그런 반짝거리는 거짓말
우뚝 튀어나와 귀만 자라고

액자가 액자를 키우는 저주의 내력처럼 잘난 왕처럼

누구요, 가끔 사람이군
여름의 복장을 의심하기도 했다

뒤축이 무질서하게 알을 까고 손때 묻은 세상을 지점토로 만들고

열매의 검은 허를 열면 소우주가 뿌리내렸다

태연하게 살 거예요
몇백 번 진로를 바꿔 살 거예요

조용한 신은 갤러리 속 거울의 방

누구요, 앵무새의 만담도 아니고

풀을 덮으면 건강해지므로
김빠진 콜라처럼 오래 버티기를 원하므로
네가 온다 안 온다 꽃이 되지 않으므로

나라고 믿는 거짓말이 거짓말을 외우면 왜 위대해질까

만두를 생각합니다

왁자하게 무덤 씨
두 손 모아 무엇을 원합니까

누군가 들어가고 닫힌 문을 두드리면 볼 수 있습니까

떠오르는 것의 용도를 생각합니까 다부지게 닫힌 만두를 생각합니까

깨진 거울 속에 깨진 내가 파묻히기를 바랍니다

바람을 닮아서 함몰되고 내가 사라졌기에 간직한 것들을 주워 담습니다

외뿔 검은 고양이 숏대를 냅다 던져주는 여러 모양의 먹이처럼

동생은 울고 할머니는 늙지 않으려고 울고 공간이 포개진 열쇠공 같습니다

육하원칙의 질문만 하는 열쇠공 말이에요

간절한 눈빛으로 자식의 발전을 요구합니다

여러 번 세고 세도 헤아릴 수 없는 다음 생입니다

귀걸이 한 쌍처럼 부부가 피어난다고 말하고 누구는 피가 흐른다고 말하고

저 사람은 누구입니까
무엇을 저토록 빕니까

어때요 마음에 드세요

나는 토끼 탈을 벗고 여우를 삼켰다

보름달이 뜨면 안개는 서랍으로 쏟아지고 거무튀튀한 성대가 우수수 떨어졌다

발설해선 안 되는
절반이 뒤틀린 은신처들

몸의 부피를 넓혀갔다 온갖 얼굴을 뭉개고 민감한 너는 가까워서 속삭였다

담배에 찌든 친구는 늑대가 됐다 노랗게 접힌 펭귄 탈을 이해했다

여우와 펭귄은 함께 살 수 있을까

불량 광고지처럼 정신을 흩어놓았다 박수를 치고 목청 높여 나를 데리고 가는 아이들이 곰을 불렀다

내가 버려질 확률에 대해 공포에 대해
익숙해져야 친구가 되는 걸까

앞으로 나아가는 사람과 뒤처지는 사람의 차이를 이해할
수 없었다

거울을 팔아요

 거울아 거울아 물컹한 분화구의 심장을 꺼내줘 아이를 데려가는 건 나뿐이고 나를 수태하던 목련의 시선은 어디로 향하는지

 무거운 목련은 게걸스럽고 투항하는 깃발이 서로를 던지고 수면이 깨지고 자라나는 거울아 이 영토의 우두머리, 너의 의도와 인조 눈썹을 키우는 밤

 시선이 왈츠를 추고 무릎 꺾인 바다를 팔아요 굴절된 관상을 팔아요 코를 편애하며 나를 팔아요 순종적인 주책바가지를 팔아요

 내가 나인 것이 불만이라서 거울은 덩치가 커져요 목줄 없이 커져요 목청을 바꾸며 닭이 울고 십자가는 신발에 묶인 끈처럼 자학하는 거울은 찌그러진 영혼을 가졌어요 나를 탈선한 갓길이 타일의 눈과 마주쳐요

 애벌레에서 비대칭 폐활량으로 줄줄이 다다를 수 없는 세

계들 거울의 감정이 기우뚱거려요 한 바퀴 돌며 폴짝폴짝 악보처럼 숲을 열어보는 유령처럼 접힌 거울아 거울아 도통 생각나지 않는 거울아

스프링

체취가 다른 감정이라니

 웅크린 고양이의 자세를 배워갔다 잔이 배가 고프고 나는 오타처럼 흔들렸다 잔과 잔이 바꿔 앉아 춤을 췄다 스텝을 밟으며 더 커다랗게 물살을 일으켰다 춤의 소원은 함성과 같았다 몸집이 큰 허기가 주렁주렁 매달렸다 어느 별 자폐아처럼 중얼거렸다 꼬리 같은 감정이 통통 튀어올랐다 춤이 죄다 뒤틀리고 접시마냥 단물이 흐르고 저기는 누구의 자화상인가 반짝이는 보석함인가 둥글게 모여 왜 왜 묻고 나는 치켜든 목에 치이고 못 박힌 관처럼 치이고 춤의 주문은 뒹구는 바퀴 같았다 보폭을 기억하는 발과 발이 붙어서 발목은 어디로 사라졌는지 춤은 끝나지 않는 이명이었다 떠나면 돌아오지 않는 가족처럼 사랑이나 장래 희망 같은 거 자세히 듣지 않았다 손톱 열 개로 나눠지는 봉숭아 꽃잎처럼 물드는 나라의 중심이여 잔은 어떤 결심으로 나아가는지 배고프지 않은데 오래 입 벌린 이유에 대해 당신은 아는가

망치

주먹은 중독에 가깝습니다

천장으로 주먹이 튕겨나가고 김칫국물이 비명을 지르고
그의 얼굴을 차마 쳐다보지 못합니다

그는 지독합니다
한 주먹도 안 되는 것이 열 주먹이 되고
이상한 숙제처럼 주먹을 기다리고
미친 자는 미친 줄도 모르고 복도를 폈다 오므립니다

스윙 레프트 훅 반복 연습을 합니다

서로 닮아서 예감이 짓밟히고
누군가 산 채로 파묻기를 기다리고
이상적인 방어를 위해 입 뻥긋할 틈이 없습니다

펑 하고 사라지고 훅 하며 절규합니다
헤아릴 수 없는 불꽃의 증발입니다

벙어리장갑처럼

아버지 등에 올라타곤 했었지

옆집 창으로 칠면조랑 음식들 으깬 감자와 파이 같은 것들이 산더미같이 쌓여 있었지 그러나 우린 빈털터리였거든

그게 추수감사절이야

감사하는 마음은 피가 통하지 않는 자세로 하고
설교 듣는 계란은 두 개뿐
땔감 살 돈만 있다면

사랑하자 사랑하자
식탁의 다리가 기도의 간격으로 흔들렸지
노련한 그네처럼 서로의 안색을 살피곤 했었지

여러 개 촛대는 하얀 입김을 모으고
틀니 낀 별을 향해 건배사는 참 멋지더구나
도시는 떡시루처럼 손을 뽑아 올리고

체면 같은 거 하게 되더라

누구는 치장하는 전단지 같고
누구는 하찮은 얼굴을 하고

그러나 우린 추웠지

게딱지같이 엎어져서 뭐든 하게 되지 똑바로 헛기침하는 기괴한 모양들

벙어리장갑처럼 귀를 대어볼까
죄를 뒤집어쓴 소년이 될까

종소리마다 들뜬 신의 내력이 있다고 믿음이 절단된 케이크 속의 촛불이 불안해했지

안부는 왜 소란스러울까

안부를 물으면 왜 소란스러울까

나를 끌고 갑니다 개처럼 끌려가다가 입속의 피가 숨 고르기를 합니다 어처구니없는 숨통이 울퉁불퉁합니다 녹슨 레일은 멈추지 않고 질문이 많습니다 귓속에 악을 짜내는 환자도 많습니다

뒤틀린 짐짝처럼 밤을 옥죄고 나를 과시하고 돌부리를 잡고 분노를 주무르고 세울 수 없습니다 도와주세요 입마저 녹아내립니다 머저리 꼴통 귀를 펴면 어지러운 웅성거림이 싫고

돌멩이를 들면 미친 돌멩이가 왕왕거립니다 팔이 길어져라 달려도 속일 수가 없습니다 녹취할 수 없습니다 가요 가라고요 개뼈다귀같이 놓아주지 않고 꿈에서조차 살아갈 수 없습니다

소음이 죽고 이념이 죽고 썩어 자빠진 부처님도 죽고 아이고 어머니 더러워 퉤퉤 저자가 날 욕보였습니다 저자가 파리

똥 같은 가래를 튕기며 쪼그라드는 자지를 툭툭 치며 세워봐 병신 새끼

　발톱을 뜯어냅니다 벽장을 부숴버립니다 유리가 다투어 쏟아지고 그림자가 저절로 웃습니다

농담처럼

  마치 오늘밤이군
  오늘이 어제 같고 내일이 오지 않기를 바란다네
  내가 쓴 글은 편지가 되지 않고 누가 나를 부르면 나의 말은 위험하다네
  풍경에 중독되는 포유류처럼

  이보게 부탁 좀 들어주게
  구르고 굴려서 어제로 뻗어가는 나무 아래 내 키만큼 땅을 파고 누워 있으면 흔들어 깨워주게
  두 번 대답이 없으면 나를 묻어주게
  밤의 살갗이 흘러내리게

  죽은 아이를 부르면 하얀 부표처럼 거품이 되고
  그렇게 멀고 아픔을 모르는 나라에 가면 누구나 죽어가는 방식에 대해 멀미에 빠진다네
  고비를 넘기면 또 고비의 길들

  이보게 내 소원 좀 들어주게

착하지 않은 사람이 착하게 살려고 발버둥 치면 착한 사람이 될까
 꽃은 아름다움으로 죄를 짓고 깃털은 종이의 기분으로 죄를 짓고 창문은 울기를 반복한다네

 나쁜 버릇처럼 이기고 지는 일이 왈칵 우는 일이라서 수면제를 먹고
 두 번 대답이 없으면 나를 묻어주게
 천천히 식어가게

칸칸 얼음

뜨겁게 안은 적 있는 연애입니까

사는 게 구애의 연속이라 애쓰고 있어요 호박이 자라요 점점 울창해집니다 잔물결이 물장구치며 놉니다 얼음은 싹트는 깃털이에요 가볍게 날아가듯 보석보다 반짝이는 자두가 되었어요 리본 같은 이야기가 흘러가고

심장은 천둥처럼 비를 맞고
나는 함박웃음의 무게입니까

로즈마리 향을 좋아하는 이모는 문 너머 슬픔이라 하고 사람들이 사라진 쪽으로 꽃이 핍니다 좋아하지만 아무도 사랑하지 않는 채소밭은 텅 빈 질문입니다 상추를 심으면 우리 집 메뉴는 왜 불량스러울까요

숲을 뒤섞는 기차처럼 계속 출렁이고 물을 토하고 물은 부서진 솜털이구나 새들이 날지 않는 하늘도 있어요 해바라기가 시간을 죽여요 저것은 살아있는 모양이야 썩지 않는 습관,

칸칸이 돌아올 의지도 없이 달려요 더 이상 난폭하지 않고 달려요 또 올게요

변경

벨벳처럼 발랄해질 수 있겠다

시소를 타며 아 하고 감탄을 자주했다
축복으로 날아올랐다

끓어오르는 석류처럼 알맹이를 보여줄 수 있겠다 구름의 레이스를 가질 수 있겠다

칸나의 높이는 몇 층일까 장기 투숙객처럼 긴 안목이 서려 있었다 구겨진 높이가 과장된 높이로 다짐했다
높은 치열들의 아름다움이여

버려질 나와 주소를 들고 퇴역 군인처럼 서성거렸다

시소를 타면 왜 물속의 오리가 생각날까

자주 들키는 리본처럼 먼지의 손톱을 물어뜯었다 소심함에 갇혀 슬리퍼를 의심했다

꼭 중요한 날에 나는 절뚝거렸다

나를 용서해야지 나를 닮은 아침을 맞이해야지

낙오의 힘으로 전진하고 언덕을 업은 질경이가 표적이 되어 달려 나갔다

하나 남은 동전이 점치는 날

피아노 계단

반쪽 몸 반쪽 생각이 언제쯤 온전해질까

5cm는 간절하게 절뚝거린다 절뚝거리는 호흡은 빙그르르 도는 나침반 이쑤시개 멍 자국 딱 그 크기로 절뚝

꿈틀거리는 시간들을 뭉개고 싶어 발가락에 힘이 쏠린다

얼마나 피를 보고 싶은지 덜덜거리는 몸, 몸
몇 개의 층이 생기고 높아졌다 낮아진다

피아노 음반 같은 너는 누구냐
길을 눕혔다 올렸다 나는 여전히 피아노 중저음 음계로 절뚝거린다

제2부

소원은 어디까지입니까

 귀를 막고 울어본 적 있습니까

 손가락을 파먹는 수수께끼가 떠다닙니다 아내를 모자로 착각하는 남자가 탐정처럼 위태롭습니다 벽의 지층은 위성입니다 진화를 친화로 읽습니다 재료들의 자세는 무모할 만큼 도도합니다 다짐과 복층을 이루고 저 높이는 공평합니까

 아니라고 말해도 다그치면 곤란합니다 소원은 모른 채 행위만 강조합니까 어떤 학자는 5g의 칼슘을 평생 섬기기도 합니다 나는 파랑과 초록을 구분할 수 없어 숲을 숭배합니다

 중력의 전령들 중얼거립니다 가정을 위해 우리는 이토록 집요한 의도를 준수해야 합니까 모르는 소원이 어디까지입니까 가정은 가정으로 끝나야 합니다 접시는 접시로 과잉됩니다 가정으로 충만한 가정은 사랑이 과잉됩니다

잡아라 콩

콩 하면 이어 달려야 할까
콩 부르면 수다스러워질까

쏟아졌다 엎어지고 달려가는 소녀처럼 유쾌했다

유쾌함으로 유인한 콩을 정확하게 산출하거나 구분하기에 매우 어려웠다 콩은 서로 밀고 당기는 고무줄 같은 탄력을 가지고 있었다 콩을 돌볼 수 없고 누구야 부를 수 없고 이제 끝이야 외칠 수 없었다

바닥의 정면과 빛의 점들이 튜브를 형성하는 입자라고 믿었다 본 적 없는 형태를 주목했다 여기 있어요 저기도 있어요 세상 끄트머리를 디뎌보는 듯했다

콩의 평균치를 예측할 수 없고 별종으로 치부할 수 없고 얼른 알아들을 수 없었다

솜이불을 깔아주고 싶었다 옴짝달싹 못하게 왕관을 씌워주

고 싶었다 복귀시킨 사람과 입증한 사람들 사이 허허한 개똥철학을 늘어놓고 싶었다

콩의 기준으로 인간을 몰고 다녔다 왁자지껄하게 처박혀 끌려갔다 식은땀이 흘렀다

얼룩진 양 한 마리 양 두 마리 세지 않고 달렸다 우스꽝스럽게 성가시게 달렸다

기여

관통하고 있습니다
못이 증폭되어 붙잡을 수 있습니다

음 이탈 모자이크 불안이 저 안에 있습니다

백에서 거꾸로 세어보세요 팔십구 구십 숫자의 나라는 구김살 많은 유리잔 같습니다

낮에 꾸는 꿈은 먼 나라 버려진 의자처럼 혈색을 살피고 안경을 써도 멀미에 빠집니다

몸 밖으로 돌려놓은 슬리퍼처럼 할 말이 많아집니다

조문객의 악수 같이
뒤통수를 기다리는 대기 번호 같이

물질이 모이면 도마만큼 위험하고 괜찮니? 괜찮지 않아서 흔들리는 꿈인 줄 알고 주먹이 커지고 소란스럽습니다 연못

으로 잔디밭으로

나를 받치며 소진하고 있습니다

가젤처럼 높이 뛰고 활활 모닥불이 확대 해석하는 왕국입니다 못의 농담이 녹슬지 않았으면 좋겠습니다 반대에 부딪쳐도 다그쳐 장소를 바꾸지 않겠습니다

큐브의 두개골

두개골을 엎으며 돌았다 충고를 찢으며 돌았다

불길한 깃발처럼 짓밟힌 초록은 벽의 두께로 자랐다 내가 있을 곳으로 문턱의 혀가 튕겨 나갔다

이리 와,
목이 조이는 기분으로 누구의 손을 잡을지 몰랐다 하얗게 질린 집의 골격이 어긋났다

나는 피카소 그림 같았고 방정식처럼 뾰족하게 웃었다

새는 몇 바퀴째 도는지 돌아설 자세가 걱정되고 시궁창 신발이 걱정되고

메건 부모도 그랬고
케니 부모도 그랬다

아빠는 체면을 중시했다 추락과 혈액은 같은 경로였다 불길

속의 안부같이 핏줄 같은 것을 걷어찼다

  차가운 눈빛을 삼킬 때 내 몸은 작은 공 제멋대로 공
  아빠 넥타이를 매어도 볼품없는 건달

  이제부터 너는 신이야 덤벙대는 신 깨져도 피가 흐르지 않
는 신

  건달같이 두개골을 차며 달렸다

  끝말잇기처럼 엄마 집에 행운이 있기를

별 이름 B612

벌레라고 생각했어

엎어지고 서로 끌어안은 벌레를 사랑해

벨벳처럼 도약하고 뒤뚱거리고 못에 걸려 넘어져도 좋겠어 수백 개의 뒤통수가 활공하는 소리 내 머리는 뻣뻣한 새 둥지라고 생각했어

핵심은 달라도 매뉴얼 없는 응원들

비전보다 역습의 관계에 대해 생각했어 오토바이가 복면을 하고 첨벙첨벙 엉킨 시간의 융단을 고양이가 핥고 있어

유리 밟는 소리로 도달하는 깃발을 만들고 싶어

문패를 무기처럼 붙이고 건반을 두들기면 흰 건반의 농담은 귀로 말할 거야

박테리아 충돌하고
실리콘이 충돌하고

몇 인칭인지 알 수 없는 감탄사를 난발해야지 손을 씻으며 감각 하나씩 닫았다 열어야지

자전의 기분으로 헛발질하는 숲을 우려해야지 물색의 온도를 우려해하지 샘을 낭비해하지

피그말리온 효과

새엄마를 구해 오마

소꿉놀이는 밝은 노래를 불렀다

박수를 치면 나는 새엄마가 되었다 참 쉬운 엄마다 꼬챙이로 동생을 콕콕 찌르면 사랑이 생겼다 노루의 발길질 킥킥 칼을 가지고 놀았다 열 바퀴 돌면 깡통치마가 되었다

벌레의 목을 자르고 이름표를 달아주고 살살 문지르면 물고기는 간지럼을 탈까 죽은 복숭아를 그렸다 얼굴 없는 아빠를 그렸다 모자와 허풍을 지웠다 배가 불룩한 모래 속에서 마술을 부렸다

장미는 세 번 죽었다 개미 입속에 냄새가 났다 바다 냄새가 났다 가위바위보 동생은 자꾸 보챘다 신발 끈처럼 가벼우면 올까 엄마는 달려올까

오른쪽 다리를 빼고 햇빛의 바짓단을 걷어 올렸다 달랑 시

금치가 되었다 우리는 코가 길어지는 기분으로 웃었다

　초록이 끼어들든 말든 흔한 기분으로 내가 새엄마야 포옹하는 엄마는 귀가 여러 개

　장대 높이 올라가지 않아도 내가 커지는 아홉 스물 백 기다리는 나를 엄마, 라고 불러줄게

얼음주머니

그림자의 심장과 지퍼의 다면체에 이르기까지

아가씨를 바꿔 여름을 살았다

공복의 스티커와 여자가 배달되고
쟁반을 잡아끄는 식물이라고 믿는 셔츠

연애의 시차와 별난 자세를 가질 수 있겠다

겨자 소스처럼 일어나 스푼으로 딸그락거릴 때
푸른 접시는 옮겨 다녔다

축배의 억양으로
열여섯 키만 커지고 말라빠지기를 계속했다

원피스

식탁보일까요 출렁이는 수백 개의 이파리일까요

비를 모으거나 외롭지 않거나 현기증 나는 장소라고 생각했습니다 발은 숲으로 사막은 조금 넓게 낙하를 생각했습니다

온몸이 떠들썩하게 얼굴이 물러나기를 반복합니다 코는 높고 황홀하게 인사를 했습니다 기차표 곱슬머리를 의심했습니다 소년은 찌그러졌습니다 겁먹은 굴뚝이 되고 싶었습니다 단일 교과서처럼 바다의 기분을 만들었습니다 목걸이를 만지면 나는 확장되어 갔습니다

포옹을 잡을 수가 없습니다 혼례복이면 좋겠습니다 밤의 합창을 들으며 붕대를 감고 너를 숨겨줄게 너를 제로로 만들어줄게 들뜬 입들이 쏟아져 내렸습니다

타워 타워 구겨진 발을 걱정했습니다
이제 원피스를 침묵으로 바라볼 수 없습니다

도를 넘네

도를 아십니까

도는 미인입니다 도는 아프다는 말입니다 수다쟁이입니다

밥그릇입니다 찬밥인 줄 모릅니다 열 번째 우비를 텁니다 어쩌자고 돌아보며 축하해요 배가 튀어나와 부끄럽고 머리칼이 많아 미안합니다

나는 쉽게 뒤집히는 잎사귀 바람의 의도에 몰두합니다

죽은 자의 얼굴이 나를 죽이게 될 때까지 5분이면 됩니다

은유는 공허합니다 어느 끔찍한 기계가 자근자근 뇌를 씹는 소리가 들립니다 살 타는 냄새가 납니다 취기란 놈은 열등한 짐승입니다

부모도 모르고 감지덕지 감흥도 모르고 열광의 도가니에서 어쩌자고 이따위냐

세 번째 자매입니다 깊은 밤 피리를 불며 미신을 생각하고 자질구레한 엄마를 흉내 냅니다 당신은 엄마로 복기할 수 있습니까

엄마라고 부르면 내가 엄마지 엄마를 따라가면 미쳐버릴 것 같습니다

끝장난 얼굴로

종소리는 삐딱했다

불쌍한 쇳덩어리라고 할머니는 중얼거렸다

니 애비는 안 온다, 이것아

낙숫물이 뇌리에 박혔다 숭숭 뚫린 마루를 달랠 수 없었다
돌의 개수에 따라 숨 고르는 것들의 구역이 생겼다

할머니 나는 착한 개가 될 수 있을까요 세 발로 뛰고 빙빙 회전밖에 모르고 간혹 송곳니 으르렁거리면 마른번개같이 코를 훌쩍거릴까

물 빠진 혼백처럼 뜨문뜨문 하기 싫은 말을 건넸다

불편한 사탕을 녹여 먹고 지루하기 전에 죽어버렸으면……
추운 쪽으로 배회하는 꿈이 생겼다 파랑 노랑 주근깨여

새벽이 되면 늑대 떼가 몰려올까요
거미는 온전히 내 것이 아닌 어긋난 놀이들뿐이고

집의 뿌리까지 풋내가 엉겨 붙었다 날것을 향해 다녀간 꿈들 춤을 휘젓고 할퀴는 놀이는 없고

귀신은 뭘 하나, 할머니는 너그럽지 않았다

누가 운동장을 퍼뜨렸을까

물웅덩이가 날았습니다

 흰나비야 두 번의 깜박임으로 불렀지 동료를 불렀어 눈 감으면 그가 감기고 생각 많은 모자가 어디로 갔을까 꼬리 긴 방을 줄게 죽은 새 모이를 줄게 나비야 이리 온, 왜 나비는 혀가 간지러운 뱀처럼 부릴 수 없지

 어떤 별자리는 수박 냄새가 나고 어떤 깃발은 부화되어 날아갔지 나비를 부르면 다정함이 성장했어 커튼 나비 흰나비야 분홍색으로 차오르며 너는 날지 못하는구나

 나의 눈알이 다치지 않고 너의 심장을 손질하는구나 어제 빼놓은 내 반지 거울 보는 반지 그는 올까 네 번의 휘파람으로 불렀어 철제 물고기가 태어난 듯 불렀어

 페인트를 삼킨 즐거운 환자처럼

 접시 나비야 불빛을 삼킨 날개 없는 나비는 왜 아이스크림

처럼 웃지 않을까 여기 어딜까 달의 목을 깨물고 난간 끄트머리에 열망하는 나비야 꽃병처럼 목젖이 젖으면 굴뚝이 될까 각설탕 보리밭을 줄까 나비야

　흐르는 나비 그리고 거짓말

콜라를 주세요

  귀를 버려 버릇이 없습니다 컵을 떨어뜨리고 나는 번잡스럽습니다 뾰족한 젓가락 같은 엄마는 화분을 만질 때 가축 이상의 애정을 보입니다 감정이 일기장에 차오르고 세찬 급류가 흐르고 머릿속은 방앗간 같은 정서들뿐입니다 엄마는 그렇게 해 똑바로 걸어 식탁의 눈으로 나를 봅니다 착지와 침범에 대해 말할 수 없습니다 끝장 보는 화분에 흠집을 낼 수 없습니다 뒤죽박죽 밤을 바꿔도 한 가지 교과서처럼 따분하고 두 바퀴 열 바퀴 뒷걸음치는 낙타가 될 수 있을까 퉁퉁 부은 엄마의 혹이 될 수 있을까 이불을 긁고 긁어낸 피딱지들 콜라가 좋아, 라고 말하면 낙타 똥같이 바싹 말라갈 겁니다 뻘뻘 땀 흘릴 겁니다 부엌이 지저분해 엄마는 귀를 후벼 파고 나는 호통만 치는 사람이 될 수 있을까

제3부

열매는 질척거렸다

　너의 안목에 흠집을 냈다 수십 번 할퀴고 깨어지는 망상들 입이 던지는 비탈길의 나라 고꾸라진 허기의 축제 예민한 사람의 당부 같았다 검은 꼬리가 한 뼘씩 가내공업 박스 속에 잠겼다 해풍을 몰고 다녔다 낙하하는 파랑 초콜릿과 우유처럼 과육에 대해 확대 해석하는 버릇이 생겼다 어떤 장단은 벽을 긁거나 도마뱀의 혀를 가졌거나 외향적이었다 하얀 시트 위 어지러운 완성이 여기 있다고 중얼거렸다 유리의 차원에서 보면 불온한 몰입이었고 나는 질척거렸다

아노미 상태

사과가 싫어 액자보다 싫어

사과를 원했다 증거를 원했다 사과가 되기 위해 사과의 혀가 매뉴얼 없는 휴일을 원했다 사과는 오지 않고는 사과가 되지 않는 것이었다

탁자 아래 엎드린 똥개마냥 사과는 얼굴로 해야 하나

꽉 끼는 의족같이 사라지지 않는 사과는 불편했다 경전 없는 사과를 위해 우산을 쓰고

머릿속이 쾌적했다 패턴을 뒤집어도 같은 패턴이었다 사과가 되는 사과는 식별되지 않는 물질이었다 거품자석처럼 모래에 박혔다 허공이 훔친 사과를 돌려줄게

새는 순서대로 익사할 것 같았다 농담은 중독성에 가깝다 사과는 밥이었다 사과는 콩콩 뛰었다

이상한 서열의 감옥이었다

사과의 구역으로 침엽수는 등이 따갑고 등이 부끄럽고 사과의 장벽이 여기 있었다 눈 마주칠 때마다 사과는 계속 사과는 남아돌았다

사랑 따위 뭐라고 사랑을 고백한 손을 번쩍 들고

묻지 않고 다그쳤다 먹은 것 다 토해내라 고문도 없이 사과를 주기적으로 요구했다 사과를 모조리 불러냈다

사과에 갇혀 사과는 범죄 소굴 같았다

이익을 보셨습니까

상류의 봄을 기다리고 있습니다

아뇨 아니예요 접이식 의자가 접혀지지 않습니다 성별이 구분되지 않습니다 유모차는 불을 들고 할아버지는 불안을 치켜듭니다

독방 같은 행진을 보았습니까 도시를 짓누르지 마시오 경고할 틈도 없이 이상한 나라 얼룩진 엄마가 잠들어 있습니다

쇼윈도의 들뜬 사명으로 불을 들어라 가난한 조명을 들어라 어릿광대들이여

자전의 속도로 회전하는 양배추는 알루미늄 바닥으로 경련을 일으킵니다

어떤 결심은 초점을 잃고 어떤 광장은 조리법이 다르고 피어오르는 연기를 뭐라고 부를까요

겨울 광장은 허우적거려야 합니다 운동의 결의는 번번하게 대립합니다 좌와 우는 명사들뿐 정의는 실현되지 않습니다

여섯 가락 양은냄비 속으로 우리는 대가리를 조아립니다 문명의 애비를 밟고

나무 침대

어떻게 죽지

잠 속으로 왔다 돌아가는 말들
잠들지 못한 구름의 말 긴 울음의 행렬
발보다 먼저 손을 알아보고
얘야 너는 몇 개의 목숨이니

몸속 낡은 계단을 밟고
몇백 번 달 뜨고 해 뜨고
입 달싹거릴 때마다
언제 죽지

밥알 쓱 핥으며
악몽으로 멀뚱멀뚱 깨어나는
손이 만드는 목숨들
누구의 입을 빌려 온 몸일까

몇 분의 담배 연기였다가

불어넣는 신의 악기였다가
나는

그런 유전이 내게 있었다

물 한 방울이 숨통을 조였다

너는 명령하는 입장이 되고 나의 말은 죽고 너에게 매달려 죽지 말라고 하면 죽고 미친 엔진 소리처럼 덜덜 죽고

그런 유전이 내게 있어
고문이었다 육체적 이물감을 극복하기 위해

몸 비틀고 손목 긋게 하는 죄
잡종 가계를 다시 쓰는 죄

누가 먼저 인질이 될까
나쁜 징조는 새의 홍채 속에 있고

초록의 후퇴 초록의 포란 초록의 얼굴로 떠도는 환생은 어떤 분노로 분포되는가
깡통은 타락하고 기린은 스프링의 성질인지 모르고

뿔은 뿔을 만나서 초대장이 되고
혁명은 종교적이고
챔피언은 약물로 안전한가

밤을 누비며 끔찍하게 사랑한 죄 죽도록 두들겨 맞고도 울지 않는 죄

거기에 오색 크레파스 따스해지는 가계의 완성이 있고

귀는 거구가 되고
물 한 방울의 예감을 뭐라고 부를까

왜 녹색이 되나

녹색구두참깨요술램프 소원을 믿는 여덟 살 아이의 상상 속에 살게 돼

손톱에 까만 때를 숨기고 천천히 숨 쉬게 돼 나는 굴러다니는 헝겊 목이 꺾인 끈적이는 잠이 돼

소원은 얼음 소원은 죽어라 쥐새끼

팔뚝 굵은 주전자는 찌그러지고 바닥을 후벼 파는 아버지는 왜 잇몸을 보이며 웃지 않을까 얼어 죽지 않을까

뒤뚱뒤뚱 거위는 독수리처럼 날아오를까

소원은 볼 낯이 없고 소원은 똥 눌 때만큼 춥고 소원은 모릅니다 다시는 안 그럴게요 중얼거리는 소원은 왜 배부르지 않을까

고개 숙이면 그냥 소원일 뿐인데

화들짝 놀라는 양초는 나를 좋아할까 으깬 감자와 소스를 고루 섞는다면 나는

불편한 선물처럼 배회하는 결과물일까

집의 온도는 검고 삐딱하게 자라지 않는 소원을 거꾸로 꽂았다가 다시 빼고 박수를 치면

엄마랑 갈래 아빠랑 남을래

일요일의 맛

끈적끈적 달라붙는 아이는 밀가루 속으로 밀어넣는다
애들아 밀가루 속에서 방방 뛰어도 돼
여름에 털잠바 입자

아이의 생은 손끝에 달렸다

오래 주무른 아이를 도마 위에 내리꽂는다 사정없이 두들겨 팬다
튕겨 오른 스프링의 차이라 할까
드디어 관절들 뚝 소리를 낸다

잘 부서지는 아이는 좋다

인형의 팔 다리 뺐다 끼우는 아이의 표정은 다양해
새로 조립한 열 번째 마음이 뛰어오른다 바닥을 구르다가 손가락을 빤다
밀가루 속 아이는 쭉 삐져나온 혀를 눕히고 기다린다

도마 위에 반죽을 돌돌 말아 올린다
엄마 어지러워 귀에서 바람 소리가 나 오늘 아홉 살 내일 열 살 보채는 아이를 단번에 자른다 제 살점 거머쥔 아이는 엄지에 힘을 주고 웃는다

재료는 언제나 남아돈다

몸통 따로 다리 찢어서 놓는다 심장을 꺼내 센 불에 끓인다 충분히 젓는다 시원한 일요일이 된다 팔짝 뛰는 어깨 잠기도록 휘젓고 입맛 잃지 않는다

설탕의 절규

죽은 토끼를 따라갔다

동맥을 자르고 가문을 자르고 머리를 처박고 게걸스럽게 연기의 목을 꺾었다

뜨거운 솥 안에서 사탕물 잔뜩 번지는 토끼의 눈알들

두 동강 내어도 솜뭉치처럼 악 쓰는 연기는 내가 필요했다

나를 보여주자 두 번 우는 괘종시계 떡갈나무 분홍 연기의 목덜미에서 캐리어 끄는 소리가 났다

흰 토끼 토끼야 돌림노래를 불러주고 싶었다

도마에 털이 돋고 술병이 배를 깔고 뒹굴었다 함몰된 연기를 코에 붙이고 춤을 추었다 설탕은 극에 달했다

번지르르한 죽음이 엿가락같이 늘어졌다 까마귀가 내 정수

리에 쐐기를 박고 우리는 박수를 쳤다

 어른들은 내장을 거덜 내고 갈비뼈를 핥았다 아이들은 눈알을 파먹고

 달이 뜨고 돌풍이 불고 얼굴 없는 뼈가 수북하게 서로를 챙겼다

 술 깨고 가, 서로 잡아끄는 주검들

 형편없이 풀리는 자물쇠의 기분으로 나는 달렸다 잼, 사탕수수 흘리며

커튼에서 이모 냄새가 났다

이모는 애인과 닮았다 나만 아니면 식은밥이 되거나 삐꺽거리는

이모를 부르면 이모로 꽉 찬 이모가 달려와 주문을 외웠다 포도덩굴 선생 꽃무늬 이모를 지워도 이모는 넘어도 이모는 어디까지 어어질까

따분한 타일의 얼룩들

이모를 생각하면 헷갈리고 뒤를 버려도 펼쳐 보일 수 없는 형식을 이루었다

이모의 엉덩이를 툭 치면 이모는 액체처럼 녹아내릴까

이모의 결속력을 강요할 수 없지만 셋이 아니라 백일지도 모르고 똑딱 단추처럼 피곤하지 않는데 피곤하게 행진하는 쟁반들

이모는 바닥을 닦고 파도에 가라앉았다가 들뜬 언쟁의 공범자가 되었다가 앞치마가 무차별적으로 몰려왔다

침착하자, 이모의 팔 너머 그 너머 로봇청소기처럼 불타오를까봐 잠꼬대를 할까봐 이모는 분홍 구름을 믿고 앵무새 이모는 북쪽으로 여행 가서 죽어버릴까

죽지 못한 곤충정치학을 들어봤니? 의자 털가죽을 우리는 동료라고 부르지 죽은 사회라고 부르지

이모라고 부르면 너무 친한 이모들

페르조나

죽어본 적 있지
명징해본 적은 없지만

맥박은 6초 간격으로 몇 번 뛰는지 수건은 각이 맞는지

수건에 뼈가 있고 별의 염통에 급소가 있고 푸른 혈관을 체크하고 결심하는 아픈 사람은 박수 치는 기분으로 아프다

도크 체크 온갖 제스처가 나를 돌볼 수 없다

나는 결투 같은 입장이 된다 떨림의 심장이 주먹 굵기 두 배로 늘어나고 받아들일 죽음의 부피가 걱정되어 팬티를 몇 번씩 갈아입는다

나는 악취다 눈썹 휘날리는 토로스 선천적인 망상이 기념일 없이 비밀로 서 있다 나의 신 나의 악마

열 손가락 접어서 나야 나, 나를 안아서 무섭고 함몰과 찌

그러지는 물 밑이 수치스럽다

　최악의 적수가 되기 위해 바다는 바다에서 헤어 나오지 못하고 바닥의 배후는 바닥의 신념을 포기할 수 없다

　활자를 먹고 사는 유령의 각오는 수평으로 오는지 실금으로 오는지

　동상의 긴 아가리로 나를 점령하고 싶은 결의만 생긴다

　전갈좌에 빠진 나를 대처할 수는 있는 시빗거리가 많다

　천 개의 창문은 대패질하는 세공사에 있고
잔디의 목적은 팻말에 있다

　벌 서는 나무는 깊이를 모르고 숟가락은 중독에 가깝게 반성한다

빛

할머니가 구정물 냅다 던져요
구정물 덮어쓰고
나는 큼큼한 냄새와 놀아요
뚝 떨어지는 구정물을 헤아리며
다섯여섯일곱열
구름 반 추위 반 출렁거려요
별이 아닌 얼룩무늬가
머리핀이 눈송이를 기다려요
질문이 거꾸로 뒤집힌 채
친구들은 끼리끼리 쏟아져 나와요
구정물과 나는 분리되지 않고
달그락달그락
알루미늄 도시락 긁는 소리
핏대 선 목소리
영영 죽으렴
할머니는 누른 콧물을 홍 풀며
니 애비 기다리지 마라
서른하나서른둘서른셋

대책 없이 어질러놓은 오물들
똑같은 눈
똑같은 뒤통수
누가 결정한 거죠?

뭘 할까요 영순위

계모에 손대면 나는 부끄러워져

분수도 모르고 다가가면 계모는 손 씻고 계모를 만지고 손 씻고 더러운 생각

겹겹이 눈사람의 근육이 흘러내리고 굴뚝의 자리로 나는 겉돌았다

발랄한 척 친절한 척 연기의 나이테를 지우고 계모는 축하할 일이 많아서 나를 숨겼다

빛이 창을 두드리면 물건을 챙기듯 챙기는 유머까지 동원됐다

속으로 사색하고 속으로 다른 귀를 대어보는 우물이 내 이름이었으면

길들여진 짐승은 목줄 없이 낙과처럼 엎드렸다

받아쓰기 숙제를 했다 제멋대로

엄마는 가장 좋은 엄마 운 좋은 엄마는 태어나지 않는 엄마

가정의 방이 숨이 찼다 명찰처럼 불안을 달고 이상한 조합의 물방울을 낳고 낳고 내가 낳은 아이들 같구나

정오의 긴 혀로 맨발을 닦아도 닦이지가 않았다

계모를 찾으러 뱀딸기를 먹고 툭 의자의 방향을 바꾸면

매번 떠나도 상관없는 계모들일까 색깔이 바뀌는 식탁보일까

추락하는 높이로 핏대 세운 고양이가 추하게 노려보았다

오직 나만 적이고 수치고 폐허의 물속이었다 귀 닫고 혀 차

는 소리가 들락거렸다

　계모는 채광 속의 구슬 같고 계모의 원피스 꽃이 환했다 속이 훤한 것이 관절 없는 것이 부러웠다

　계모는 뜨개질하고 계모는 서커스 공연장 같은 가족을 원할까

　내일도 계모는 예쁘고 어깨가 작고

제4부

손톱 밑에 눈이 내리고

 눈물이 스르르 귓속에서 풀려요 할머니는 수의를 짓고 닭의 목청이 바늘귀 속으로 통과해요 새벽의 뒤척임을 모르곤 미래를 읽을 수가 없어요 내 눈알과 바꿔 앉은 새는 무엇을 기대할까요 엄마는 괜찮을까요 시름시름 앓는 별들이 한 땀 한 땀 목숨을 이어가요 할머니 대답 좀 해주세요 거뜬히 견뎌내겠지요 살이 없는 발목처럼 견뎌내겠죠 어기영차 초록이 오면 오리도 뒤뚱거릴 텐데 흰 글씨로 연기는 흩어질 텐데 할머니, 칼처럼 돌아선다는 말이 무슨 뜻인가요 새는 돌아올까요 뼈만 남은 빈 둥지는 시체 같고 하수구 냄새 같아요 저승꽃 엄마를 닮으면 나랑 닮아서 무섭고 몇천 년 검은 전염병처럼 무섭고 할머니, 꽃이 피면 꽃 무덤을 만들어요 화관을 쓰고 칙칙폭폭 기차는 달리고 동생의 장난감이 붕붕대는 봄인데 노란 꽃 파란 꽃 까불거리면 축제의 기분일 텐데 열매가 맨발로 춤을 출 텐데 눈을 뜨면 수의 한쪽 팔이 자라고 하얀 눈곱처럼 자라고

내추럴은 어디 있습니까

내추럴은 어디 있습니까

병아리 눈꺼풀에 있습니까 천장에 있습니까 뒤틀린 가슴을 데워도 불안합니다

뻐꾸기 눈을 닮은 단추를 보면 나는 체면에 걸립니다 백 년의 근심을 안고 행위를 채웁니다 물고기의 지느러미는 유리의 질감입니까 코의 진로를 침범하면 코는 어디까지 흘러갑니까

뼈를 계산하고 분해하고 단백질의 행진은 얼마나 아름답습니까 세 개의 유방을 가진 여자는 기쁨도 세 배 실리콘도 세 배

우리는 변이된 외계 윤리의 한계는 번역기에 있고 물 빠진 북두칠성을 이빨에 새겨 넣습니다 멍게의 형상은 미네랄입니까 곰보입니까 몸속의 모든 원소들 육체를 계산하기 좋아합니다

나는 물방울 유두를 원합니다 내 취향입니다 바다 건너 한 쌍의 앵무새는 더듬이 털신을 원하고 필사본처럼 원합니다 난자를 배양한 나는 여섯이었다가 열이 되는 나는 영웅입니까

오렌지의 악센트는 기록이 많은 입 모양을 하고 있습니다 입이 작으면 항문도 작나요 친목 비전 설계를 따지는 당신은 어떤 체형에도 흡족할 수 없습니다

본드의 시간

그의 비전을 뭐라 부를까

어떤 학자는 의존증세를 부추긴다고 분석했다
어떤 탐험가는 앓던 향기를 바꿨다

사명을 다해 기록은 홍수처럼 넘쳐났다

갈증이 미래를 돌아보았다 꼬리의 농담이 무덤의 냉기로 번졌다

내 것이 아닌 무모한 관절들

친구는 코맹맹이 발음이 싫다고 대꾸했다 현명한 사람은 인정미가 없다고 반박했다 거시적 차이에 갈증을 앓았다

어떤 유령은 필명이 아닌 이명을 앓았다
어떤 묘목은 모욕을 자처했다

구걸하는 진창과 오랜 관성에 길들여지는 초췌한 구간들

음악과 소음의 차이를 구분하지 못했다

진부한 꽃의 내부를 탐닉했다 베토벤 9번 교향곡이 고문이라는 친구의 말을 이해했다

도서관을 휴관합니다

도서관을 정정해도 됩니까

불확실한 숫자는 자정의 혀 같고 흉측해서 외설적이고

검정의 기갈 들린 눈을 어떻게 설명할 수 있습니까

계속 잃어버린 사람처럼 돌아봅니다 애인의 글씨처럼 돌아봅니다

오래 산 것들의 꿈이 위로 위로 단결하고

분홍 설탕이 밀짚모자가 되고 리본이 다이너마이트라면 믿겠습니까 책은 들숨 날숨의 채널 같고

검정만 모으는 당신의 강박증세에 대해 뭐라고 말할 겁니까 이 왕궁은 아름다운 쪽으로 현혹됩니다

실례하지만 검정이 불편하지 않습니까

생을 헐뜯고 척을 베끼고 척의 오류를 누가 답할 것인가

당신의 안색을 휘젓는 갈대는 왼쪽입니다 새의 날갯짓은 비판입니다

불만만 자꾸 살찌고 뱃가죽이 두툼해서 죄송합니다

소수자들

수영장에서 수백 명이 수영을 한다고 치자
한 사람 오줌이 0.1리터

여러 명의 오줌이 섞인다면

웃지 않는 관점에서 보아야 하는가
기분의 밝기로 개입해야 하는가

맨발로 상처를 주고받는 일이 물밑의 일이라 수영장에 둘이서 온 사람은 둘이서 귀를 씻는다

A+B+C+D 그들은

물이 불어터지게 부피가 큰 사람
믿음 가는 기초 운동
물의 공간에서 물의 기포를 쪼개는 사람
오락성 짙은 튜브

더 많은 근거를 인용해야 하는가
더 이상 손가락이 자라지 않기를 바라는가

웃다가 넘어지고 뒤를 돌아보면 섞이는 감정을 위해 설탕 넣어주세요 부푼 빵도요, 라고 외치면 현명한가

물의 의심으로 횡단하는 열 시와 낙하하는 열 시의 차이를 이해하지 못했다

결벽증 환자처럼 굴었다
물을 긁으며 소통과 환기까지 별 모양 스티커로 표시할 수 없었다

헬로우 키티

이브라고 불렀네

레코드판이 생기를 얻었네 딸기 맛 젖가슴이 분홍 물이 들었네 키티를 누르고 방향제를 끼웠네 나야 넌 어디야 치렁치렁한 밤을 분장하는 키티 서랍에도 있네 곰팡이가 폈네

더 이상 울지 않는 키티 내 사랑 좀비같이 태어나고 싶었네

탄광부가 사라지고
거울에 청진기를 대고
거룩한 밤 종이 신부의 노래를 들었네

숲의 목덜미로 서리가 흘러내리고 뿌리까지 젖은 식물처럼 사라지기를 원했네

키티는 뒷골목의 키티 자막처럼 흐르는 키티 경쾌하게 엉덩이를 치켜들고 꿀꿀 털이 돋네 왜 키티를 보면 키티는 배배 꼬며 키티가 될까 고해성사 같은 꿈을 꾸네 할렐루야 비명을

지르는 숲의 꼬리야

  엄마를 줄게 빗질하고 너를 줄게
  면사포를 주고 싶었네

  귀두 아래 키티
  금발의 베이비라고 불렀네

레인 바코드

한판 붙자고 했다

한 줄 열 줄 줄만 긋는 미술이 싫다고 했다 선 하나로 그린 나는 나에다 나를 더했다 육체는 다섯인데 열 곳이 어긋났다 한때 얼룩이거나 청중이거나 가족의 질서가 굴절되었다

선 하나로 어떤 귀신은 뒤통수가 중심이고 잡종이 되고 흰색만 빼면 어떤 생물로 태어날 수 있었다 전투 같은 허기를 메울 수 있었다 선 하나의 방향성을 고민했다 선 하나의 버릇으로 연민이 독선으로 기울어졌다 장애물 경기장에서 몇 번 넘어지고 몇 번 휘갈기고

수직인 사람은 할 말이 많았다 오빠는 갈고리 같은 입을 쩝쩝거렸다 어리둥절한 장난감은 빨개지기만 했다 함부로 꺾거나 뭉개도 외롭지 않는 시간들 허연 배를 까고 뒤져도 좋은 것만 뒹굴었다

바닥의 짜릿함이 정수리를 파고들었다 얼마나 꾹 밟아 죽이

고 싶은 행성인가 무모한 뼈들의 집단인가 체액이 흐르는 마당에 내 잘못이 아닌데 자라목을 쓸어내렸다 자동인형이 되어 뒷걸음쳤다

 병신 새끼 꼬라지하고는! 아버지의 생이 팔딱거렸다 목소리는 가벼워서 공손했다 극진한 태도로 밟아라 아우성치는 뒤통수들 오독을 일삼는 온갖 색을 끌어안고 며칠 참회하고 며칠 현기증이 처박히고

비잔티움

피를 주세요 피를 주세요 열여섯 악마가 살아요

녹슬고 폐기된 기계처럼 더러운 피를 할퀴며 멍들어 가요

짓밟히는 것들의 착시를 앓는 생이 가혹해요 죄 짓는 열여섯이 가혹해요

뱀이 소년을 만나면 좋겠어요

파도는 소음이고 바다는 사악한 발톱, 진주는 계속되고 조개의 살은 썩어가겠지요

사내는 동부에서 왔고 종교를 옮기면서 왔고 수다를 떨며 왔어요 콧대가 높고 수분이 빠져나간 석양을 보면 배가 고파요

아무렇게나 자란 작약은 누구의 손에 이끌려 왔을까요

화강암 탑문을 여는 수수께끼는 여전히 아침에 네 다리로 밤에 세 다리로 걷고 있는지

내가 다시 태어날까봐 묻고 실패할까봐 묻고

자고 있나요 열여섯 소망하는 나를 믿겠어요 훅 꺼져가는 피를 주세요 칼처럼 자라는 손톱을 주세요

나를 숭배하는 사랑의 신은 없고 오해는 달콤해요

페르시아 지나 열여섯 꼬여가는 나에게 직업을 주세요 17세를 주세요 피를 주세요

울타리를 이해하지 못합니다

고백은 터널처럼 갸우뚱해집니다

빨강 노랑 치마를 바꿔입었다가 물속의 발은 멍해집니다 신호와 식욕은 울타리를 이해하지 못합니다

괜찮다 괜찮다고 말하면 오늘의 기분을 잃어버리고
어디까지 했더라 다시 시작하게 되고

빛을 추궁하게 됩니다
목은 펼쳐놓은 장대 같습니다

어둠이 너였다가 너를 닮았다가 목울대가 자라고

사랑은 종잇장처럼 얇은 빛으로 이 간격으로 태어나는지 모릅니다

사람을 보여주는 일이 잠깐의 사금파리나 얼룩말 같아서

용수철처럼 왈칵 눈물 쏟아지고 널뛰기를 합니다 기도는
한 움큼 보풀이 보풀을 긁어모으는 형식이지만

의심이 폐허의 눈을 합니다

온통 그로 채워진 사랑 극한의 침묵을 보는 시간

그의 과오나 기준 따위로 심장이 소스라칩니다

스무 살

술 취한 바닥이 이마에 붙었다 머리카락이 거꾸로 섰다 쾌청하다는 말로 삿대질을 했다 빙빙 혈관이 겹쳐지고

종교의 방언처럼 내가 수월해지기를 기다렸다

나는 피아니스트가 되고 싶었다 바닥에 그려놓은 건반이 백과사전을 잔뜩 본 표정을 두들겼다

어떤 바퀴는 성가시게 지껄이고 캄캄한 수작 같고 침묵과 파국에 대해 물어보지 않았다

신앙이 겹쳐질 것 같았다

소실점이 풀리고 왼쪽 다리가 짧았다 다시 길어지고 밟는 것이 취미가 되었다

있잖아 생일날 아득해져서 악다구니가 되더라

초록을 잡초라고 우겼다 초록 물결이 차가워서 호호 불어 주었다 내가 나를 안아도 춥구나

조명에 간격이 생기고 내가 내 머리카락을 잘랐다 복병처럼 비명을 쥐어짜고 있었다

엎어져서 처분만 기다리는 줄 아무도 몰랐다 내가 생소해서 검은 밥처럼 굴러갔다

바닥은 바닥으로 넘쳐났다

고무줄

커튼을 똑같이 나누면 충분히 넘쳐서 이게 아니잖아

마구잡이로 던지면 왜 남아도는 걸까

제라늄이 보이고 재활용이 보이고 적합한 단어가 떠오르지 않아

한 바퀴 돌고 돌돌 말고 여러 날의 한 컷이 헛돌고 반사된 교량의 마음을 헤아릴 수 없고

구름의모양성분치수 꾸미지 않으려고 줄지어 기다리고 있었다

엘리베이터를 타고 노는 아이들은 위층 아래층 더 아래층 민첩한 말들이 밀고 밀려 뒤처지고

아버지랑 손잡은 아이와 엄마랑 손잡은 아이는 뭐가 달라고 달라

젖은 하늘이 물컹거리고
앞니 두 개 빠진 벽은 내향적이고

과감하게 갖춰 입었다고 계절이 거듭나고 뿔뿔이 흩어지고 같이 걸을래

빵 하나로 방향을 잃었다가 어금니 깨물고 이게 뭐지 이렇게 살고 싶지 않아

사소하다는 말과 연고가 없다는 말이 미래를 예감하는 병실 같아

보름달이 무사한 방식으로 가고

달려가는 버스는 몇 번째 공회전인지

플랫폼의 계절

동생이 떨고 있었다

객실은 수백 개의 귀를 장황하게 늘어뜨리고 닫혔다 열렸다

지구 건너편으로 건너온 얼굴이 굴절된 빛의 반경을 돌았다 기차는 결의도 없이 덜커덩거렸다

안장도 없이 무한대로 달리는 꿈을 꾸었다 소리 없이 우는 뱀이 기차를 삼켰다

비난 없이 소리칠 장소가 필요했다 입에서 모래가 쏟아졌다 무릎뼈에서 마을은 나타나고 사라지고 장난처럼 초록이 풀려나갔다

내게 없는 규칙을 가졌음으로 동생은 구름의 말을 늘어놓았다 바퀴는 최상의 자세로 지구의 족쇄를 채우고 달렸다

지상에서 가장 불편한 장면이었다

혈육을 잊기 위해 목젖이 보이게 우는
터널을 지나

플랫폼의 계절이 친척집으로 뿔뿔이 흩어졌다

기차는 모든 걸 수락하는 자세로 해변을 향해 전진하고 있었다

나는 완벽했다

갓길에서
엉덩이를 까고 오줌을 누다가
낯선 사내와 마주치는 순간
쏠리는 시선에
차마 엉덩이를 회전할 수도
그렇다고 최후의 표적에 몰입할 수도
서로 바라보는 시선 사이
구멍 깊은 곳으로 바람이 자꾸 든다
추락한 시선을 온몸으로 받아내고
사내가 기다리는 동안
미묘한 침묵과 충돌하는
유쾌함 사이
나는 완벽했다
잠시 뚫린 구멍에 대해 경건할 뿐이었다
현란한 각도를 주시할 뿐이었다
사내와 구멍 사이

해설

놀이, 그리고 상처와 결핍의 위장술
―임상요의 시세계

고봉준(문학평론가)

　시는 종종 건축, 하나의 세계를 건설하는 행위에 비유된다. 철학자 하이데거는 건축함과 거주함의 은유를 통해 '시(언어)'와 '존재(거주)'의 연관성을 '시적 거주'라는 멋진 개념에 담아낸 적이 있다. 하지만 오해와 달리 하이데거가 말하는 '짓다(bauen)', 즉 '짓는다는 것'은 우리가 '건축'이라는 단어를 들을 때마다 떠올리는 것과는 전혀 다르다. 그것은 땅을 갈고 포도나무를 재배하는 것처럼 보존하려는 태도의 일종이고, 소중하게 여기고 보호하는 것, 즉 염려함을 의미하는 것이다. 하이데거의 시적 거주, 즉 '건축'은 곧 염려함이다. 그런데 이러한 의미의 '건축' 개념은 횔덜린과 독일 낭만주의 같은 특수한 경우에만 해당할 뿐이어서 일반화할 수가 없다. 그렇다면 우리는 왜

'시'를 건축에 비유하는 것일까? 아마도 그 근거 가운데 하나는 '시(詩)'에 '짓다'라는 동사가 술어로 따라다니기 때문일 것이다. 시는 '쓰다', '짓다', '노래하다' 등의 다양한 동사를 술어로 수반하며, 그때마다 '시'에 대한 관념/이해 또한 달라진다. 우리는 흔히 시를 '쓴다'('시 쓰기')고 표현하지만, 때로는 '짓다'('시 짓기')라고 표현하기도 한다. 이때 '시'와 '건축'은 '짓다'라는 술어를 공유함으로써 유비적 관계를 형성한다.

유비적 관계의 매개 없이도 문학 작품을 쓰는 행위는 하나의 세계를 건축/건설하는 행위로 이해된다. 이때 문학은 무(無)에서 유(有), 즉 없는 상태에서 어떤 것을 만들어내는 창조행위로 간주된다. 또한 이때 작품은 일정한 내적 질서 내지 동일성을 유지한 객관적 대상으로 인식되고, 작가/시인의 의도의 산물, 나아가 독창적인 세계로 간주된다. 이 경우에 문학 작품을 읽는 행위는 하나의 세계를 이해하는 일, 그 세계가 어떤 원리에 의해 만들어졌는가를 이해하는 행위와 동일시된다. 특히 이 단독성의 세계를 제대로 경험하기 위해서는 이 세계에 온전히 들어가는 것이 필수적일 것이다. 문제는 이 단독성의 세계들이 독자의 진입을 쉽게 허락하지 않는다는 사실이다. 이 경우, '비평'의 임무는 독자들에게 이 세계의 출입문들 가운데 몇 개의 위치를 알려주는 일일 것이다. 임상요의 시세계가 바로 그런 경우이다.

시인의 경험적 세계를 투명한 언어로 표현한 일반적인 서정시와 달리 임상요의 시는 난공불락, 요령부득의 세계를 우리에게 제시한다. 그가 사용하는 언어들은 응집력이 없어서 이른바 '의미'의 층위로 환원되지 않으며, 그가 즐겨 사용하는 비유 체계들 또한 원관념과 보조관념의 거리가 상당히 멀어서 개인적 방언에 가깝다. 시인은 '~처럼'과 '~같이'를 사용한 비유 체계를 빈번하게 사용한다. 일반적으로 시에서 비유는 관념적인 것의 구체화를 위해 활용된다. 그런데 "못 박힌 관처럼 치이고"(『스프링』), "이상한 숙제처럼 주먹을 기다리고"(『망치』), "도시는 떡시루처럼 손을 뽑아 올리고"(『벙어리장갑처럼』), "심장은 천둥처럼 비를 맞고"(『칸칸 얼음』), "끓어오르는 석류처럼 알맹이를 보여줄 수 있겠다"(『변경』) 등처럼 임상요의 시에서 비유는 관념을 구체화하는 방향과는 정반대, 즉 맥락을 포착하기 어려운 단어들을 비유체계로 연결함으로써 사태를 한층 낯설게 만드는 효과를 낳는다. 그리하여 "몸 밖으로 돌려놓은 슬리퍼처럼 할 말이 많아집니다//조문객의 악수 같이/뒤통수를 기다리는 대기 번호 같이//물질이 모이면 도마만큼 위험하고 괜찮니?"(『기여』)나 "나는 피카소 그림 같았고 방정식처럼 뾰족하게 웃었다"(『큐브의 두개골』) 같은 진술과 맞닥뜨릴 때 우리는 임상요의 시세계가 어쩌면 출구 없는 '함정' 같은 것은 아닐까 하고 의심하게 된다. '암호'가 자기입법적인 기호로 만들어지듯이 임상요의 시편들 또한 사회적 맥락과는 동떨어진 기호의 놀이가 아닐까. 그렇다면 언어 기호, 또는 기표가 동일하다고 해서 그것을 종래의 방식대로 읽으면 결국 해독불가능한 지점에 이르게 될지도 모른다. 프랑스의 연극연출가 앙토냉 아르토는 일정한 틀에 갇힌 패턴을 무비판적으로 반복하는 고전주의 연극을 비판하면서 신체를 관통하는 낯선 감각에 기초한 새로운 연극을 '잔혹극'이라고 명명한 적이 있다. 여기서의 잔혹성은 '피'가 난무하는 잔인함이 아니라 관객들로 하여금 신체를 통한 낯선 감각을 경험하게 하는 연극의 특징을 가리킨다. 동일한 맥락에서 말하자면 임상요의 시편들 또한 잔혹성에 기초하고 있다. 그것은 우리가 일찍이 경험한 적 없는 낯선 감각, 새로운 문법을 우리에게 제시한다. 그것들로 건축된 언어적 세계는, 따라서 우리의 손쉬운 진입을 허락하지 않는다.

    사과가 싫어 액자보다 싫어

    사과를 원했다 증거를 원했다 사과가 되기 위해 사과의 혀가 매뉴얼 없는 휴일을 원했다 사과는 오지 않고는 사과가 되지 않는 것이었다

    탁자 아래 엎드린 똥개마냥 사과는 얼굴로 해야 하나

    꽉 끼는 의족같이 사라지지 않는 사과는 불편했다 경전

없는 사과를 위해 우산을 쓰고

   머릿속이 쾌적했다 패턴을 뒤집어도 같은 패턴이었다 사과가 되는 사과는 식별되지 않는 물질이었다 거품자석처럼 모래에 박혔다 허공이 훔친 사과를 돌려줄게

   새는 순서대로 익사할 것 같았다 농담은 중독성에 가깝다 사과는 밥이었다 사과는 콩콩 뛰었다

   이상한 서열의 감옥이었다

   사과의 구역으로 침엽수는 등이 따갑고 등이 부끄럽고 사과의 장벽이 여기 있었다 눈 마주칠 때마다 사과는 계속 사과는 남아돌았다

   사랑 따위 뭐라고 사랑을 고백한 손을 번쩍 들고

묻지 않고 다그쳤다 먹은 것 다 토해내라 고문도 없이 사과를 주기적으로 요구했다 사과를 모조리 불러냈다

   사과에 갇혀 사과는 범죄 소굴 같았다
—「아노미 상태」 전문

한 시인의 시를 읽을 때, 우리가 반복적으로 생각해야 할 것은 스타일, 즉 왜 이러한 방식으로 썼을까 하는 물음이다. 특히 임상요의 시처럼 경험에 대한 사실적 진술이 아니라 표현 형식에 상당한 의미를 부여한, 이른바 유희적·실험적 성격이 강한 작품일 경우 이 물음의 가치는 한층 높아진다. 그것은 현대 회화에서 작품의 물성(物性)만큼이나 아이디어가 중요한 것과 같은 이치이다. 위의 인용에서 확인되듯이 임상요의 시는 분열증적 발화에 가깝다. 시어들은 기호처럼 다른 것들과 접속하면서 끊임없이 새로운, 그렇지만 '의미'의 층위에서는 이해할 수 없는 낯선 표현들을 만들어낸다. 이러한 표현에서 의미의 중심이나 주도적인 이미지 같은 견고한 요소들을 찾으려고 노력하는 것은 무의미할지도 모른다. 오히려 시인은 그러한 '의미' 중심의 읽기를 조롱하려는 듯 언어를 놀이의 방식으로 사용하고 있다. 시인은 월간《시인동네》신인문학상 '당선소감'에서 자신의 시적 지향을 "시의 어긋남과 뒤틀림의 놀이를 멈추지 않을 것이다. 껑충껑충, 큭큭 세상의 재미를 놓지 않을 것이다."라고 밝힌 적이 있다. "어긋남과 뒤틀림의 놀이", 시인에게 시는 바로 그것이었고, 그 '놀이'의 구체적인 진행방법은 언어의 세계를 '껑충껑충' 뛰어다니는 것이었다. '언어'가 '껑충껑충' 이동한다는 것, '언어'의 세계에서 '껑충껑충' 이동한다는 것은 어떤 뜻일까? 정확히 설명하긴 어렵지

만, 임상요의 시에서 우리가 반복적으로 경험하듯이 그것은 일상적인 진술방식은 물론이고 우리가 흔히 '시적인 것'이라는 이름으로 표상하는 발화방식과도 사뭇 다른 것임에 분명하다. 알다시피 '의미' 전달이 중요한 일상어는 매우 촘촘한 방식의 진술을 선호하며, 이 경우에는 문법적 요소와 그것들의 이웃관계가 이미-항상 결정되어 있다. 일반적인 의미에서 서정시의 진술방식 또한 그것이 비유와 상징 같은 시적 장치를 동반할지라도 일정한 문법적·의미적 체계에 수축과 이완이라는 형태를 띠기 마련이다. 반면 실험적 성격이 강한 모더니즘의 작품들, 그리고 분열증적 발화 등에서는 이러한 일반성이 관철되지 않는 경우가 대부분이다. 그것들은 이성이 아닌 무의식과 욕망에 지배됨으로써 정신분석학자들이 흔히 '상징계'라고 부르는 세계의 질서를 위반하는 경우가 흔하다. 이때 '위반'은 단순한 부정이 아니라 새로운, 동시에 고유한 규칙을 창안함으로써 언어를 암호에 근접시킨다. 임상요 시인이 '당선소감'에서 밝힌 "어긋남과 뒤틀림의 놀이" 또한 이러한 위반의 일종일 것이다.

"어긋남과 뒤틀림의 놀이"는 이미-항상 선재하는 질서를 뒤흔드는 위반과 일탈을 통해 실현될 수밖에 없다. 가령 "접이식 의자가 접혀지지 않습니다 성별이 구별되지 않습니다"(「이익을 보셨습니까」)처럼 규범적 질서가 작동하지 않는 것이 대표적이다. 인용 시의 제목인 '아노미 상태' 또한 그것을 암시한다. 알다시피 '아노미(anomie)'는 규범이 사라지고 가치관이 붕괴되면서 나타나는 사회적·개인적 불안정 상태를 뜻하는 말이다. 인용 시는 '불안정 상태'에 대한 진술이 아니라 그것 자체로 '불안정한 상태'를 제시한 것으로 이해되어야 할 듯하다. 이 시에서 '불안정한 상태'에 해당하는 대표적인 것은 '사과'라는 언어 기호가 지시하는 대상이다. '사과가 싫어'라는 첫 행의 진술을 읽으면서 독자들의 대부분은 머릿속에 '사과(apple)'의 형상을 떠올릴 것이다. 그런데 곧이어 '사과'가 다른 과일이 아니라 '액자'와 비교되고, "사과를 원했다 증거를 원했다"처럼 '증거'와 병치될 때 독자의 혼란은 시작된다. '증거'라는 사법적 기호와 나란히 제시되는 '사과'는 'apple'보다는 'apology'에 가깝게 인식되기 때문이다. 그렇다면 우리가 '사과(apology)'를 '사과(apple)'로 오해한 것일까? 그런데 이어지는 진술, "사과가 되기 위해 사과의 혀가 매뉴얼 없는 휴일을 원했다 사과는 오지 않고는 사과가 되지 않는 것이었다"를 읽으면서 사태가 단순하지 않음을 알 수 있다. 정확히 말하자면 이 시에서 '사과'라는 기호는 'apple'과 'apology' 사이에서 진동하고 있으며, 이 진동으로 인해 확정적인 의미는 결코 부여될 수 없다. 기존의 규범과 가치관이 붕괴됨으로써 발생하는 혼란이 아노미(anomie)라면 이 시에 사용된 언어, 나아가 시 자체야말로 '아노미' 상태라고 말할 수 있을 것이다. 그렇다면 우리는 이 시에서 무엇을 읽어야 할까? 그것은 이 시가 감동을 주거나 시인의 내면을 표현하기 위해 쓰인 것이 아니고, "어긋남과 뒤틀림의 놀이"를 통해 '언어'와 '시'에 대한 기존의 관념, 감각 등을 뒤흔들기 위해, 그것으로 대표되는 세계에 대한 위반, 특히 '놀이'라는 말처럼 명랑한 위반의 일종으로 제작되었다는 사실을 이해하는 일일 것이다.

　　내추럴은 어디 있습니까

　　병아리 눈꺼풀에 있습니까 천장에 있습니까 뒤틀린 가슴을 데워도 불안합니다

　　뻐꾸기 눈을 닮은 단추를 보면 나는 체면에 걸립니다 백년의 근심을 안고 행위를 채웁니다 물고기의 지느러미는 유리의 질감입니까 코의 진로를 침범하면 코는 어디까지 흘러갑니까

　　뼈를 계산하고 분해하고 단백질의 행진은 얼마나 아름답습니까 세 개의 유방을 가진 여자는 기쁨도 세 배 실리콘도 세 배

　　우리는 변이된 외계 유리의 한계는 번역기에 있고 물 빠

진 북두칠성을 이빨에 새겨 넣습니다 멍게의 형상은 미네랄입니까 곰보입니까 몸속의 모든 원소들 육체를 계산하기 좋아합니다

나는 물방울 유두를 원합니다 내 취향입니다 바다 건너 한 쌍의 앵무새는 더듬이 털신을 원하고 필사본처럼 원합니다 난자를 배양한 나는 여섯이었다가 열이 되는 나는 영웅입니까

오렌지의 악센트는 기록이 많은 입 모양을 하고 있습니다 입이 작으면 항문도 작나요 친목 비전 설계를 따지는 당신은 어떤 체형에도 흡족할 수 없습니다
—「내추럴은 어디 있습니까」 전문

영한사전에서 '내추럴(natural)'을 검색하면 자연의, 천연의, 당연한, 타고난, 정상적인 등의 의미라고 적혀 있다. 일상적 맥락에서 '내추럴'은 자연적인 것에 가까운 상태를 나타낼 때 주로 사용하는 단어이다. 그런데 시인은 그런 '내추럴'의 존재를 신뢰하지 않는 듯하다. '내추럴은 어디 있습니까'라는 도발적인 제목이 바로 그것을 암시하고 있다. 게다가 이때의 '내추럴'이 다양한 용법들 가운데 정확히 어떤 의미로 쓰였는가를 단정하기도 어렵다. 이것이 바로 '내추럴'이 자연의, 천연

의, 당연한, 타고난, 정상적인 등의 용법들 가운데 대치될 수 없는 이유일 것이다. 앞에서 말했듯이 임상요에게 시는 '언어'에 대한 "어긋남과 뒤틀림의 놀이"이다. 즉 '언어'가 놀이가 되기 위해서는 기존의 의미와 동일시되지 않아야 하는 것은 물론이고 확정적인 의미로 고착되지 않아야 한다. '언어'를 통한, '언어'를 이용한 놀이란 궁극적으로 '언어' 자체에 기존의 규칙과는 다른 규칙을 작용하는 것일 수밖에 없다. 이때 '놀이'의 재미는 기존의 규칙과 새롭게 부여된 규칙의 간극에서 생긴다. 물론 그것이 우연적이고 일회적인 것이 되지 않기 위해서는 나름의 내적인 규칙이 필요하다. 임상요의 시를 읽을 때에도 비슷한 태도가 요구된다. 1~2연을 읽을 때, 우리는 '내추럴'을 '불안'의 반대편에 위치시킨다. 특정한 대상, 즉 '내추럴'을 가리켜 그것이 행방과 위치('어디 있습니까?')에 묻는다는 것은 그것이 쉽게 발견/목격되지 않는다는 의미이기도 하다. 그런데 시인은 3연 이하에서 별안간 '내추럴'과는 연관이 없어 보이는 것들에 대해 진술하기 시작한다. 이를테면 "백 년의 근심을 안고 행위를 채웁니다 물고기의 지느러미는 유리의 질감입니까 코의 진로를 침범하면 코는 어디까지 흘러갑니까" 등의 진술들이 그것이다. 이 당혹스러운 장면에 직면하여 어떤 태도를 취해야 할까? 그런데 다시 읽어보면 이 시에서 '내추럴'은 인간의 신체와 연결된 문제임을 발견할 수 있다. 3연의 '코', 4연의 '뼈'와 '단백질', 그리고 '세 개의 유방', 5연의 "몸속의 모든 원소들", 6연의 '물방울 유두', 그리고 7연 '체형' 등이 그것을 암시하고 있다. 하지만 '의미'의 층위에서 이 시를 더 이상 해석하기는 어렵다. 다만 시인의 관심이 '자연적인 것'의 반대편을 향하고 있다는 것은 이해할 수 있을 듯하다.

　　풀을 가두고 멈추지 않으므로

　　목을 거꾸로 심으면 처녀가 자란다는 이야기
　　그런 반짝거리는 거짓말
　　우뚝 튀어나와 귀만 자라고

　　액자가 액자를 키우는 저주의 내력처럼 잘난 왕처럼

　　누구요, 가끔 사람이군
　　여름의 복장을 의심하기도 했다

　　뒤축이 무질서하게 알을 까고 손때 묻은 세상을 지점토
　　로 만들고

　　열매의 검은 혀를 열면 소우주가 뿌리내렸다

태연하게 살 거예요

몇백 번 진로를 바꿔 살 거예요

조용한 신은 갤러리 속 거울의 방

누구요, 앵무새의 만담도 아니고

풀을 덮으면 건강해지므로

김빠진 콜라처럼 오래 버티기를 원하므로

네가 온다 안 온다 꽃이 되지 않으므로

나라고 믿는 거짓말이 거짓말을 외우면 왜 위대해질까
                ─「흐르는 것들의 증폭된 거짓말」 전문

  임상요의 화자들이 세계를 경험하는 감각은 매우 독특하다. "나는 질척거렸다"(「열매는 질척거렸다」)에서처럼 단단함보다는 '질척거림'에, '고정된 것'보다는 '흐르는 것들'(「흐르는 것들의 증폭된 거짓말」)에, '자연적인 것'보다는 '인공적인 것'에, '진실'보다는 '거짓말'에, '질서'보다는 '아노미 상태'에, '정통'보다는 '변이'에 민감하게 반응한다. 흘러간다는 것, 움직인다는 것, 질척거린다는 것, 이것들에서 드러나듯이 임상요의 화자들의 기본적인 감각은 안정적인 것, 고정된 것 등을 환기하는

'고체' 상태가 아니다. 이러한 유동성의 감각은 '규칙'보다는 그것을 벗어나려는 욕망의 산물로 보인다. 분열증적 언어로 쓰인 일탈에의 욕망, 그것이 '놀이' 또는 '거짓말'과 연결되어 하나의 낯선 세계를 구축하고 있는 것이 임상요의 시세계일 듯하다. 이러한 사태로 인해 대부분의 시편들에서 시인은 자신이 아닌 인물, 즉 가상의 '나'(「페르조나」)를 화자로 내세운다. 임상요의 시는 좀처럼 시인의 경험적 삶을 노출하지 않는다. 아니, 이따금씩 실존적 장면들이 파편처럼, 혹은 삽화처럼 작품에 끼어드는 순간이 있다. 실존적 경험 자체를 시화(詩化)하는 것이 목표가 아니므로 그것들을 통해 이른바 시인의 내면세계에 들어갈 수는 없지만 그 흐릿한 윤곽선은 그려볼 수 있을 듯하다. 특히 이러한 파편적인 장면들의 대부분은 '가족'과 연결되어 있어 흥미롭다.

    눈물이 스르르 귓속에서 풀려요 할머니는 수의를 짓고 닭의 목청이 바늘귀 속으로 통과해요 새벽의 뒤척임을 모르곤 미래를 읽을 수가 없어요 내 눈알과 바꿔 앉은 새는 무엇을 기대할까요 엄마는 괜찮을까요 시름시름 앓는 별들이 한 땀 한 땀 목숨을 이어가요 할머니 대답 좀 해주세요 거뜬히 견뎌내겠지요 살이 없는 발목처럼 견뎌내겠죠 어기영차 초록이 오면 오리도 뒤뚱거릴 텐데 흰 글씨로 연기는 흩어질 텐데 할머니, 칼처럼 돌아선다는 말이 무슨 뜻인가요 새는 돌아올까요 뼈만 남은 빈 둥지는 시체 같고 하수구 냄새 같아요 저승꽃 엄마를 닮으면 나랑 닮아서 무섭고 몇천 년 검은 전염병처럼 무섭고 할머니, 꽃이 피면 꽃 무덤을 만들어요 화관을 쓰고 칙칙폭폭 기차는 달리고 동생의 장난감이 붕붕대는 봄인데 노란 꽃 파란 꽃 까불거리면 축제의 기분일 텐데 열매가 맨발로 춤을 출 텐데 눈을 뜨면 수의 한쪽 팔이 자라고 하얀 눈곱처럼 자라고
—「손톱 밑에 눈이 내리고」 전문

 임상요의 등단작들은 '미성년 화자'가 세계를 호명하는 방식이 개성적이라는 평가를 받았다. 이 시집에 수록된 작품들에서는 '미성년 화자'의 목소리가 뚜렷하게 드러나는 경우가 많지 않지만 '가족'에 관한 진술이 포함될 때에는 공통적으로 목격된다. 앞에서 언급한 작품들과 비교하면 인용 시의 진술방식과 목소리가 사뭇 다름을 확인할 수 있을 것이다. 할머니, 엄마, 동생과 '나'로 구성된 '가족' 안에서 할머니는 '수의(壽衣)'을 짓고, '엄마'는 "저승꽃 엄마를 닮으면 나랑 닮아서 무섭고"라는 진술에서 암시되듯이 '죽음'의 세계에 가까이 위치하고 있다. 아이, 즉 '나'는 "엄마는 괜찮을까요"라는 말처럼 '엄마'의 안위를 염려하고 있으나 할머니는 침묵으로 밤을 지새우며 '수의'를 조금씩 완성해가고 있다. 임상요의 시에서 '엄마'와 '나'의 관계는 "새엄마를 구해 오마"(「피그말리온 효

과」)나 "이모를 부르면 이모로 꽉 찬 이모가 달려와 주문을 외 웠다"(「커튼에서 이모 냄새가 났다」) 등에서 확인되듯이 원초 적인 결핍관계로 연결되어 있다. 미성년 화자인 '나'에게 '엄 마'는 존재하지 않거나, '새엄마'와 '이모' 등으로 대체되어 있 다. 「피그말리온 효과」에서 어린 미성년인 '나'는 '소꿉놀이'를 통해 '새엄마'의 자리에 자신을 대신 놓는다. "박수를 치면 나 는 새엄마가 되었다 참 쉬운 엄마다"(「피그말리온 효과」). 하지 만 "신발 끈처럼 가벼우면 올까 엄마는 달려올까"라는 진술처 럼 '엄마'의 자리는 대체불가능한 것이며, 그것은 "얼굴 없는 아빠를 그렸다"라는 진술에서 암시되듯이 '아빠'에 의해서도 대체될 수 없는 것으로 각인된다. 이처럼 임상요의 시편들은 "어긋남과 뒤틀림의 놀이"가 중심을 이루고 있지만, '가족'에 관해 이야기할 때면 종종 '놀이', 즉 유희의 태도보다는 짙은 결핍과 상실의 감각을 노출한다. 다만 '가족'에 대한 진술들은 몇몇 작품들에 응집되어 드러나기보다는 시집 전체에 파편처 럼 흩뿌려져 존재한다.

가령 「만두를 생각합니다」에서 화자는 "다부지게 닫힌 만 두"를 생각한다고 진술하고 있으나 시각적·형태적 유사성의 계열을 따라가면 그 대상이 '무덤'임을 알 수 있다. "동생은 울 고 할머니는 늙지 않으려고 울고"(「만두를 생각합니다」)라는 진술에서 암시되듯이 이것이 "간절한 눈빛으로 자식의 발전 을 요구"하고 있는 부모의 무덤임은 어렵지 않게 알 수 있다.

이것 외에도 "옆집 창으로 칠면조랑 음식들 으깬 감자와 파이 같은 것들이 산더미같이 쌓여 있었지 그러나 우린 빈털터리였거든"(「벙어리장갑처럼」), "불쌍한 쇳덩어리라고 할머니는 중얼거렸다//니 애비는 안 온다, 이것아"(「종소리는 삐딱했다」), "할머니는 누른 콧물을 홍 풀며/니 애비 기다리지 마라"(「빛」), "병신 새끼 꼬라지하고는! 아버지의 생이 팔딱거렸다"(「레인 바코드」)처럼 가족의 가난과 아빠의 부재를 회고한 작품들도 있다. 또한 "깊은 밤 피리를 불며 미신을 생각하고 자질구레한 엄마를 흉내 냅니다"(「도를 넘네」), "뾰족한 젓가락 같은 엄마는 화분을 만질 때 가축 이상의 애정을 보입니다"(「콜라를 주세요」), "엄마랑 갈래 아빠랑 남을래"(「왜 녹색이 되나」), "계모에 손대면 나는 부끄러워져"(「뭘 할까요 영순위」), "혈육을 잊기 위해 목젖이 보이게 우는/터널을 지나//플랫폼의 계절이 친척집으로 뿔뿔이 흩어졌다"(「플랫폼의 계절」) 등처럼 '부모'와의 관계가 단절된 상태의 고통이나 그 장면들을 특유의 상상력으로 재조립함으로써 낯설게 만든 장면들도 많다. 이 장면들에서 화자는 대개 "소원을 믿는 여덟 살 아이"(「왜 녹색이 되나」)의 목소리로 등장한다. 사정이 이러하다면 임상요의 시세계에서 유희와 놀이의 태도는 이미-항상 미성년 화자의 내면에 각인된 상처와 결핍에 연결되어 있으며, 심지어 그 상처와 결핍을 애써 감추기 위한 위장술의 일종이라고 이해해도 좋지 않을까? 두 개의 이질적인 계열, 즉 '가족'을 배경으로 드러나는 심리적 결핍감과 '언어'에 근거한 "어긋남과 뒤틀림의 놀이" 사이에 내적인 연관성을 찾는 것이야말로 임상요의 시세계에 한걸음 가까이 다가서는 지름길일 것이다.

시인동네 시인선 160

흐르는 나비 그리고 거짓말

ⓒ 임상요

초판 1쇄 인쇄	2021년 9월 17일
초판 1쇄 발행	2021년 9월 27일
지은이	임상요
펴낸이	김석봉
디자인	헤이존
펴낸곳	문학의전당
출판등록	제448-251002012000043호
주소	충북 단양군 적성면 도곡파랑로 178
전화	043-421-1977
전자우편	sbpoem@naver.com

ISBN 979-11-5896-528-0 03810

*이 책의 판권은 지은이와 문학의전당에 있습니다.
*양측의 서면 동의 없는 무단 전재 및 복제를 금합니다.
*잘못 만들어진 책은 바꿔드립니다.
*이 시집은 2021년 부산광역시, 부산문화재단 〈부산문화예술지원사업〉의
 지원을 받아 제작되었습니다.